キップルとおやつパン
パンで作るかんたんスイーツ　著 桑原奈津子

おやおや。
きょうも、いいにおいが
してきましたよ。

よばれなくたって
やってきます。

そろそろかな。
そろそろですよね。

(またやってますね…)

ぱくっ。

このひとくちが、
至福のときなのです。

　パンは、しあわせの食べもの。そのままでもおいしいけど、少し手を加えるだけで、お茶の時間にぴったりなおやつになります。
　パンは、あこがれの食べもの。ちょっと気合いはいるけれど、「あの絵本みたいなパンを食べたい」という気持ちがあれば楽しく作れます。
　この本では、気軽に作れるパンを使ったおやつのレシピと、絵本に出てくるパンのレシピを紹介しています。楽しいパン生活をぜひ。

はじめに

CONTENTS
もくじ

002 イントロダクション
007 はじめに

CHAPTER 1 かんたんおやつパン

010 りんごとクリームチーズのタルティーヌ
012 きなこトースト
014 はちみつレモンソースのフレンチトースト
016 ライ麦パンのラスク
017 チーズトースト
018 いちごのクロワッサンサンド
020 オレンジサバラン
022 サマープディング
026 バナナピーナッツサンド
028 クロワッサン オ ザマンド
030 揚げパン
032 パン粉のケーキ
033 チョコクリームパン
034 パンプディング
036 柚子カード
038 ごまあんロール

登場キャラクター

キップル
飼い主の影響でパンが大好き。おすわりすればもらえると信じている。

コテツ
パンには興味なし。なにやら楽しそうなことがあると、やってくる。

くわはらさん
パンは食べるのも作るのも好き。犬と猫も、パンより前から大好き。

ブックリスト／コラム インタビュー

CHAPTER 2

042　BOOK LIST
050　桑原奈津子インタビュー
054　犬おやつ

あこがれ絵本パン

CHAPTER 3

058　そらのたびのホットドッグ　『バムとケロのそらのたび』より
062　ソレちゃんのやきたてパン（ブッラ）　『バムとケロのもりのこや』より
064　ミニ食パンのサンドイッチ　『ぐりとぐらとくるりくら』より
066　ばたーろーる　『ぼくのぱんわたしのぱん』より
068　ハンバーガー　『なにからできているでしょーか？』より
070　あんぱん　『からすのパンやさん』より
072　ジオジオのチーズパン　『ジオジオのパンやさん』より
074　どんぐりパン　『14ひきのあさごはん』より
075　あさひが三つさしてくるパン　『ブレッツェルのはじまり』より
076　くるみパンのいちごジャムサンド　『チリとチリリ』より
078　巨大パン　『ノラネコぐんだんパンこうじょう』より

CHAPTER

かんたんおやつパン

市販のパンに、果物をのせたり、クリームをはさんだり……。ちょっとした工夫を加えると「おやつパン」に大変身。毎日の食卓がもっと楽しくなるアイディアをご紹介。

 おやつパンと相性のいい飲みものを紹介しています。ご一緒にどうぞ。

WITH A CUP

国産の紅茶

紅茶はスリランカやインドでの生産が盛んですが、最近では国産のものも注目されています。渋みも穏やかでマイルドな味わいが特徴。

これはきっと
パンのにおい

りんごとクリームチーズの
タルティーヌ

焼きりんごとクリームチーズが合わさると、まるでケーキのよう。りんごは薄切りにすると火が通りやすくなります。

材料（1人分）

カンパーニュ　…1枚（厚さ１cm/幅２０cm程度のもの）
りんご　…1/2個
クリームチーズ　…４０ｇ
はちみつ　…１５ｇ（タイムなどハーブの花のものがおすすめ）
きび砂糖　…大さじ1/2
レモン（国産無農薬）の表皮　…適量

つくりかた

❶ カンパーニュの表面にクリームチーズを塗る。さらにはちみつをのせてのばす。
❷ りんごの芯をとって２〜３mm程度にスライスし、❶の上にずらしながら重ねる。きび砂糖をふってトースターに入れ、りんごに火が通るまで８分程焼く。レモンの表皮を削り取ってトッピングする。

きなこトースト

あまりがちなきな粉をペーストにして、やわらかいパンにたっぷりと。きなことパンは、お餅に引けをとらない程好相性。

材料（1人分）

パン・ド・ミ …1枚
くるみ（ロースト・無塩） …大さじ1

〈きな粉ペースト（作りやすい分量）〉

バター（有塩） …65g
きび砂糖 …50g
はつみつ …15g
きな粉 …50g
シナモンパウダー …少々

つくりかた

❶ 耐熱ボウルにバターを入れ、電子レンジに20〜30秒かけてやわらかくする。ゴムべらでねり、きび砂糖、はちみつを加えてよく混ぜる。きな粉、シナモンパウダーを加えてムラなく混ぜる。
❷ パン・ド・ミをトースターでこんがり焼く。表面に①を塗って、6等分に切り、砕いたくるみをのせる。

WITH A CUP

ほうじ茶ミルク

ほうじ茶の香ばしさは、牛乳ともよく合います。ロイヤルミルクティーを作るときと同様に、鍋で煮出して。甘みをつけたいときは、黒砂糖をひとかけら。

うんしょ、
うんしょ…
とどかない

はちみつレモンソースの
フレンチトースト

フレンチトーストといえば、メープルシロップが定番ですが、ときにははちみつレモンソースを試してみませんか？

カモミールティー

はちみつレモンとも相性の良いカモミール。牛乳を加えても、まろやかになっておいしくいただけます。リラックス効果があるので、ほっと一息つきたいときに。

材料（2人分）

バゲット …小1本（約100g）
卵 …2個
牛乳 …180ml
砂糖 …大さじ2
バター …適量

〈はちみつレモンソース〉

レモン …1個
はちみつ …50g

つくりかた

❶ バゲットを1.5〜2cm程度の厚さに切って、バットに並べる。
❷ ボウルに卵を割り入れ、泡立て器でほぐす。砂糖を加えて溶けるまで混ぜる。牛乳を加えてよく混ぜる。①に注ぎ入れる。ラップをして冷蔵庫に1晩置き、しみ込ませる。
❸ レモンの1/2個を薄くスライスし、残り半分の果汁を絞る。耐熱容器に入れ、はちみつを加える。ラップをして電子レンジに2分かけ、ラップをはずして冷ます。
❹ フライパンを中火で熱してバターを溶かし、②を入れて両面を香ばしく焼く（できれば側面も）。
❺ お皿に盛り、③のはちみつレモンソースをかけていただく。

WITH A CUP

シナモンミルクティー

ミルクティーを鍋で煮出すときに、水からシナモンスティックを1本入れるだけ。手軽にいつもと違う風味を楽しめます。

あまい
かおり〜

ライ麦パンのラスク

パリッと硬めの食感を楽しむラスク。薄くスライスするのがおいしさアップのポイント。

材料（24枚分）

ライ麦パン　…24枚（厚さ3mm）
はちみつ（栗がおすすめ）　…100g
無塩バター　…30g

つくりかた

❶ バターを室温に戻す。ボウルにバターを入れてゴムべらでクリーム状に練る。はちみつを加えて混ぜる。
❷ ①を3mmにスライスしたパンに塗り、オーブンシートを敷いた天板に並べる。
❸ 110℃のオーブンで40〜50分、乾燥するまで焼く。

チーズトースト

チーズフィリングを厚く塗って焼くと、昔ながらのパン屋さんにありそうな、懐かしい味に。

材料（4枚分）

小さめの食パン（9cm角・厚さ1.5cm）…4枚
ラズベリージャム …大さじ1/2×4枚分

〈クリームチーズフィリング〉

クリームチーズ …50g
粉砂糖 …40g
卵 … 1/2個分
薄力粉 …大さじ3
レモン果汁 …小さじ1

つくりかた

❶ ボウルにクリームチーズを入れ、ゴムべらでクリーム状に練る。粉砂糖、卵、薄力粉、レモン果汁を順に加え、その都度よく混ぜる。
❷ 食パンにラズベリージャムを塗り、①を重ねて塗る。
❸ トースターのトレーにのせ、15分程焼く。焦げそうなら途中でアルミホイルをかぶせる。4等分の三角形に切る。

WITH A CUP

ロシアンティー

肌寒くなってくると飲みたくなるロシアンティー。紅茶にひとさじジャムやマーマレードを入れるだけで、体が温まる気がします。

おいしいのかな？

カフェオレ

我が家では、豆から水出しでいれたコーヒーを冷蔵庫に常備。牛乳と合わせるだけでおいしいカフェオレに。冬でもレンジで温めてすぐに飲めるので便利です。

いちごの
クロワッサンサンド

フルーツサンドは食パンがお決まりですが、クロワッサンで作ってみたら、より一層おやつパンっぽくなります。

材料（2人分）

クロワッサン　…2〜3個
純生クリーム　…80ml
加糖練乳　…40g
いちご　…適量

つくりかた

❶ いちごは洗ってキッチンペーパーでふき、ヘタをとって半分に切る。
❷ ボウルに生クリーム、練乳を入れ、泡立て器で8分立てに泡立てる。
❸ クロワッサンに切れ目を入れ、②のクリームをスプーンで入れる。いちごを軽く押し込む。

サカナ
ですかねぇ

小鉄に
とられません
ように…

オレンジサバラン

ブリオッシュをオレンジジュースベースのシロップにたっぷり浸したサバラン。お酒控えめだから、食べやすい。

材料（2人分）

ブリオッシュ　…2個
砂糖　…30g
オレンジジュース　…120ml
ラム酒　…大さじ1
純生クリーム　…60ml

ルイボスティー

ノンカフェインで、ミネラル豊富な、南アフリカのお茶。今回は、煮出すときにしょうがの薄切りを入れて、風味付けしました。ハーブや柑橘類とも、相性良し。

つくりかた

❶ 小鍋にオレンジジュース、砂糖を入れて火にかけ、砂糖が溶けるまで加熱する。火を止め、ラム酒を加えて混ぜる。バットに移す。
❷ ブリオッシュを横半分に切り、①に浸す。ラップをし、冷蔵庫に冷えるまで置く。途中で上からスプーンでシロップをかけ、全体にしみ込ませる。
❸ ボウルに生クリームを入れ、8分立てに泡立てる。
❹ お皿にブリオッシュの下半分をのせ、③のクリームをのせて上半分をのせる。

にんげんと
いぬはパンが
すきですねぇ

ミミが
あまってたら
くれませんか？

サマープディング

ベリーの味がさわやかなイギリス伝統のおやつ。食パンにさっと煮たベリーを詰めるだけで、簡単にできあがります。

材料（容量350mlのガラス容器・1個分）

サンドイッチ用食パン　…3〜4枚
ベリー（いちご、ラズベリー、ブルーベリー）　…350g
グラニュー糖　…100g
レモン果汁　…小さじ2
サワークリーム、クロテッドクリームなど　…適量

つくりかた

❶ いちごはヘタをとって半分に切る。鍋にベリー、グラニュー糖、レモン果汁を入れてゴムべらで混ぜる。中火にかけ、煮立ったら10分程煮て火を止める。
❷ 食パンのミミをカットし、ガラス容器の底と側面にすき間なく敷き詰める。①を入れ、口径に合わせて切った食パンでしっかりフタをする。ラップをかけ、冷蔵庫で冷やす。サワークリームやクロデットクリームを添えていただく。

フレーバーウォーター

ピッチャーに好みのハーブや果物を入れ、水を注いで冷蔵庫に一晩置くだけ。フレーバーがついて、水よりも飲みやすく感じます。蒸し暑い日にぴったり。

アイスココア

ココアをおいしく作るポイントは、最初にココアパウダーと砂糖、牛乳少々をよく混ぜて弱火にかけ、ツヤが出るまで練ること。そのあと牛乳でのばします。

バナナピーナッツサンド

ピーナッツとバナナ。この2つの組み合わせは相性抜群。
おいしくエネルギーチャージができるおやつサンドです。

材料（2人分）

サンドイッチ用食パン　…4枚
ピーナッツバター（無塩・粒入り）　…30g
純生クリーム　…60ml
はちみつ　…大さじ1
バナナ　…1本半
バター　…適量

つくりかた

❶ ボウルにピーナッツバター、生クリーム、はちみつを入れて泡立て器で混ぜ、8分立てに泡立てる。バナナの皮をむき、横半分に切ってさらに縦半分に切る。
❷ 食パンの片面にバターを塗る。2枚に①のクリームの半量を塗り、バナナをのせる。残りのクリームをのせて平らにならし、食パンではさむ。

のぼってとれば
いいのに

クロワッサン オ ザマンド

あまったクロワッサンとオーブンがあれば作れてしまう、クロワッサン オ ザマンド。パン屋さんの味をご自宅で。

材料（3個分）

クロワッサン　…3個
スライスアーモンド　…適量

〈アーモンドクリーム〉

無塩バター　…60g
きび砂糖　…60g
アーモンドパウダー　…60g
卵　…1個
薄力粉　…15g
ラム酒　…大さじ1/2
レモン果汁　…小さじ1

〈シロップ〉

きび砂糖　…25g
湯　…50ml
オレンジキュラソー　…小さじ1/2

WITH A CUP

レモンティー

紅茶にレモンを1枚浮かべて、ちょっと懐かしい気分に。バターリッチなおやつパンでも、レモンティーで口の中がさっぱりします。レモンはノーワックスを。

おすわり
してるんです
けど〜

つくりかた

❶ アーモンドクリームを作る。ボウルに室温に戻したバターを入れ、ゴムべらでクリーム状に練る。きび砂糖を加え、すり混ぜる。アーモンドパウダー、溶いた卵、薄力粉を順に加え、その都度よく混ぜる。ラム酒、レモン果汁を加えてよく混ぜる。
❷ シロップを作る。容器にきび砂糖と湯を入れて混ぜ、溶かす。オレンジキュラソーを加えて混ぜる。
❸ クロワッサンを横半分に切る。バットに入れ、②のシロップをしみ込ませる。
❹ ③のクロワッサンに①のアーモンドクリームの半量をはさむ。残りのアーモンドクリームをのせて軽くならし、アーモンドスライスをのせる。オーブンシートを敷いた天板に間をあけて並べる。
❺ 170℃に予熱したオーブンで、15分程焼く。

小鉄には
まけられません

ねむくなってきました

材料（6個分）

丸いパン（直径7cm程度のソフトなパン）　…6個
揚げ油　…適量

〈きな粉砂糖〉

きな粉　…10g
きび砂糖　…10g

粒あん　…適量

〈シナモンシュガー〉

シナモンパウダー　…小さじ1/4
粉砂糖　…20g

ラズベリージャム　…適量

つくりかた

❶ ボウルにきな粉ときび砂糖を入れて混ぜ合わせる。別のボウルにシナモンパウダーと粉砂糖を入れて混ぜ合わせる。
❷ 揚げ油を中温に熱し、パンを入れる。裏表2分程揚げ、油を切る。
❸ パンの粗熱が取れたら、きな粉砂糖、シナモンシュガーに3つずつ入れてまぶす。ナイフで横に切れ目を入れ、きな粉砂糖に粒あん、シナモンシュガーにラズベリージャムを挟む。

揚げパン

かわいい丸いパンで作った懐かしの味・揚げパン。あんをサンドせず、シュガーをまぶすだけでもおいしくいただけます。

WITH A CUP

牛乳

揚げパンといえば、やっぱり牛乳。懐かしい組み合わせ。私は牛と牛乳が大好きなので、牛への優しさや放牧を宣言しているものを選ぶようにしています。

ヴァンショー

小鍋に赤ワイン、好みの果物とスパイス、はちみつを適量を入れ、弱火にかけます。赤ワインに香りが移るまで弱火で温め完成。

いぬはレーズンだめって〜

パン粉のケーキ

あまったパンがケーキに大変身。アーモンドをヘーゼルナッツに変えても風味が豊かに。

材料（18×8.5×高さ6cmのパウンド型・1台分）

イギリスパン …100g	きび砂糖 …100g
アーモンドパウダー …100g	卵 …2個
シナモンパウダー …少々	レーズン …50g
無塩バター …80g	ラム酒 …大さじ1

つくりかた

❶ 耐熱容器にレーズンを入れてラム酒をふり入れ、ラップをする。電子レンジで40秒程加熱してラップをはずし、スプーン等で混ぜて冷ます。

❷ パンを適当にちぎってフードプロセッサーに入れて回し、パン粉状にする。アーモンドパウダー、シナモンパウダーを加え、さらに細かくなるまで回す。

❸ ボウルにバターを入れ、ゴムべらでクリーム状に練る。砂糖を加えて白っぽくなるまですり混ぜる。泡立て器に持ち替え、溶き卵を3回に分けて加え、その都度しっかり混ぜる。①と②を加え、ムラなく混ぜる。

❹ 型に入れ、表面をならす。170℃に予熱したオーブンで、40分程焼く。型から出して冷ます。

チョコクリームパン

ふんわり泡立てたチョコレートクリームの下にはマーマレードを。パンではさんでどうぞ。

材料（4枚分）

ソフトなパン（直径7cm）…4個
オレンジマーマレード…40g
ミックスナッツ（無塩・ロースト）…適量

〈チョコレートクリーム〉

純生クリーム…80ml
チョコレート（ビター）…50g
ラム酒…小さじ1/2

つくりかた

❶ チョコレートクリームを作る。チョコレートを包丁で細かく刻み、ボウルに入れる。生クリーム、ラム酒を加える。ボウルの底を50℃程度の湯せんにかけ、チョコレートを溶かす。泡立て器でむらなく混ぜる。
❷ ひとまわり大きい別のボウルに冷水をはり、①のボウルの底をつけ、冷やしながら8分立てに泡立てる。
❸ パンを横半分に切り、片面にマーマレードを塗る。①のチョコレートクリームをスプーンでのせ、ミックスナッツを飾り、残り半分のパンではさむ。

チョコもだめなんですよ

WITH A CUP
ブラックコーヒー

コーヒー豆は、いろんな種類を試したい方ですが、どの豆でも中深煎を選んでいます。店ごとのオリジナルブレンドを試すのも楽しい。

材料（直径6.5×高4.5cmのココット型・4個分）

食パン　…1〜1枚半（100g）
卵　…2個
グラニュー糖　…30g
牛乳　…100ml
純生クリーム　…100ml
ラム酒　…小さじ1
バター　…適宜

パンプディング

パンを使ったおやつの代表といえばパンプディング。焼く前に、ラムレーズンやマーマレード、チョコを加えるとおいしさがアップ。

つくりかた

❶ ボウルに卵を溶きほぐし、グラニュー糖、牛乳、生クリーム、ラム酒を順に加えて、その都度泡立て器で混ぜる。食パンを2cm角程に切って加え、10分程度置いて液をしみ込ませる。
❷ バターを薄く塗った型に均等になるよう①の食パンを入れ、残った卵液も注ぐ。
❸ 耐熱性のバットに置いて、ココットの半分程度までを湯をはる。160℃に予熱したオーブンに入れ25分程焼く。

WITH A CUP

紅茶にカルバドス

ダージリンティーに、香る程度にカルバドスを。カルバドスは、香り高いりんごのお酒。お酒は他に、グランマニエなどの柑橘系や、ラム酒、ブランデーでも。

1、2、3、4…
たくさんですねぇ

カルダモン緑茶

緑茶をエスニックな飲み方で。急須に茶葉とカルダモンパウダー少々を入れて湯を注ぎ、蒸らします。砂糖をほの甘くなる程度に加え、漉しながらカップへ。

材料（作りやすい分量）

柚子果汁　…60ml（約2個分）
柚子の表皮　…2個分
卵　…1個
グラニュー糖　…80g
無塩バター　…50g

柚子カード

レモンカードの柚子バージョン。さらに、バターをココナッツオイルにアレンジするとトロピカルに。

つくりかた

❶ ボウルに卵、グラニュー糖、おろし金でけずった柚子の表皮を入れて泡立て器で白っぽくなるまでよく混ぜる。
❷ 小鍋にバター、柚子果汁を入れて火にかけ溶かす。①に加えて混ぜる。
❸ 鍋に戻し入れ、ごく弱火にかける。絶えずゴムべらで混ぜながら、とろみがつくまで加熱する。熱いうちに清潔な瓶に入れて蓋を閉める。

ごまあんロール

ごまあんにドライフルーツとナッツを混ぜ中華風に。いちじくをクコの実、くるみを松の実に替えても合います。

材料（3〜4人分）

食パン（10枚切）　…2枚
こしあん　…80g
黒練りごま　…40g
ドライいちじく　…15g
くるみ（ロースト）　…10g
ココナッツオイル（またはバター）　…適量

つくりかた

❶ ボウルにこしあん、練りごまを入れてゴムべらでムラがなくなるまで混ぜる。いちじく、くるみを5mm角程度に切る。
❷ 食パンにココナッツオイルを薄く塗り、①のあんを1辺の1cm残して平らにのばす。ミミを切り落とし、いちじくとくるみをバランスよく散らす。あんを塗っていない方を巻き終わりにして、巻く。ラップに包み、30分程度置いてなじませる。
❸ 1本を3等分に切る。

工芸茶

お湯を注いで少し待つと、美しく花ひらくように束ねられた、中国茶。なんでもない日も、特別になる気がして癒されます。ぜひ透明なガラスポットを使って。

CHAPTER 2

BOOK LIST AND COLUMN

『バムとケロのそらのたび』
島田ゆか／作

文溪堂
本体1500円+税

空の上で食べるホットドッグは格別!?

犬のバムとカエルのケロのなかよしコンビが登場する、人気シリーズ中の一作。ある日、バムのもとに届いたのは、おじいちゃんからの「遊びにおいで」とのお手紙と、なんと組み立て式の飛行機。さっそく二人で空の旅へ出発するものの、かぼちゃの火山が噴火したり、大うみへびが現れたりと、なかなか大変な道中です。ほっと一息ついたら、空の上でのランチは、ケチャップをたっぷりかけたホットドッグ。ケチャップはその後、吸血こうもりを退散させるためにも、大活躍！

P.058

BOOK LIST
INSPIRED BY
絵本に描かれたあこがれのパン

絵本に出てくるパンは、どれも本当においしそう。
再現して食べたくなる「パン絵本」をご紹介します。

紹介している絵本の価格は、2017年4月現在のものです。

『バムとケロのもりのこや』 　島田ゆか／作　　　文溪堂　本体1500円+税

『ぐりとぐらとくるりくら』 　なかがわりえこ／作　やまわきゆりこ／絵　　　福音館書店　本体900円+税

ひと仕事始める前は、やきたてパンで腹ごしらえ!!

近くの森に木いちごをつみに行ったバムとケロは、つる草に覆われた古い小屋を見つけました。だれも住んでいる気配のないそこを、二人の秘密の小屋にしようと決め、なんでもやのソレちゃんに、修理をお願いします。翌朝、親切なソレちゃんは、やきたてパンと熱いココアまで用意して、バムたちのおうちにやってきました。おいしい朝ごはんで目が覚めたら、小屋のリフォーム開始〜。すっかりきれいになったら、友達のかいちゃんと共に、秘密の「星を見る会」の開催です！

P.062

春の原っぱは、最高の朝ごはんダイニング

ある春の朝、野ねずみのぐりとぐらは、わくわくするようないい陽気にさそわれて、原っぱで朝ごはんを食べることに。たっぷりの野菜やチーズでサラダ。ママレードやパセリとセロリなど、たくさんの具でサンドイッチ。どっさり作ったごはんを持って原っぱに行くと、そこにはびっくりする程手の伸びる、手長うさぎのくるりくらがいました。いっしょにごはんを食べて仲よしになった三人は、木のぼりをしたり、雲のボートに乗って楽しい一日を過ごします。

P.064

『ぼくのぱんわたしのぱん』

神沢利子／文　林明子／絵

福音館書店
本体900円＋税

パンの作り方はもちろん、発酵や材料のことも学べる

パンやさんにずらっと並んだ食パン、フランスパン、ぶどうパン、バターロール……なんておいしそうな匂い。それを見た三人きょうだいが、パン作りに挑戦することに。パンの材料は、小麦粉、塩、砂糖が基本。でもそれだけじゃない、ミルクや卵や、発酵のためのイーストも必要です。粉をふるったり、こねたり、たたいたり、ふくらませたり、そして最後に天火で焼くまでの行程が、丁寧に描かれます。もちろん、自分たちで作ったパンは……のどがぐっと鳴る程のおいしさ！

P.066

『なにからできているでしょーか？』

大森裕子／作

白泉社
本体1000円＋税

身近なごちそうメニューの秘密を知るための絵本

おにぎり、ぎょうざ、ラーメンにパフェ。おいしいごはんはどんな食材からできているのでしょうか。かわいい動物たちにお手伝いしてもらい、思いきって解体しちゃいました！　たとえば本書で取り上げたハンバーガーだったら、パンとレタスとトマトとチーズ、ハンバーグにごま、たまねぎにケチャップ。身近なごちそうが、さまざまな食材から成り立っていることが、たんねんに描かれたひとつひとつの食べ物から、実感として伝わってきます。食育にも役立つ一冊。

P.068

『からすのパンやさん』

かこさとし／絵・文

偕成社
本体1000円＋税

『ジオジオのパンやさん』

岸田衿子／作　中谷千代子／絵

あかね書房
本体1000円＋税

楽しいアイディアのパンがずらり！のロングセラー

いずみがもりの、からすのパンやさんのうちに、かわいい四羽の赤ちゃんが生まれました。子どもたちはすくすく育つものの、子育てに大忙しのあまり、お店の方には手が回らない状態に……。だけど、あるとき、子どものともだちのためにパンを焼いたことがきっかけで、家族総出で、それはそれはたくさんの種類のユニークなパンを作ることになりました。その香ばしい匂いにさそわれて、森じゅうのからすたちがパンやに集まり、大さわぎ。評判のお店に生まれ変わります。

P.070

長く愛され続ける、温かいジオジオのキャラクター

ライオンのジオジオは、動物村のはずれでパンやさんを開いています。パンを作りながら「ぱたん　ぱたん　きゅっ　きゅっ」と歌うジオジオの声は遠くまでひびき、村じゅうの動物たちが、パンを買いにやってきます。ある日、ギターを背負った旅人のろばが店を訪れます。おなかを空かせたろばにジオジオがチーズパンを食べさせてあげると、ろばはギターを奏でながら、素晴らしい歌を披露してくれます。その演奏に感動したジオジオは、ろばにある提案をします。

P.072

『14ひきのあさごはん』
いわむらかずお／作
童心社
本体1200円＋税

美しい自然の中で営まれる、ねずみの大家族の暮らし

ねずみの大家族の生活を描いた「14ひき」シリーズ中の一作。おとうさん、おかあさん、おじいさん、おばあさん、そしてきょうだい十匹が、力を合わせて朝ごはんの準備をします。森に野いちごをつみに行き、かまどで、どんぐりの粉で作ったどんぐりパンを焼きます。おとうさん特製きのこ入りのおいしいスープも煮えて、さあ、朝ごはんのしたくができました。みんなでテーブルを囲んで食べるごはんの味は格別です。今日も、新しい一日が、始まろうとしています。

P.074

『プレッツェルのはじまり』
エリック・カール／作　アーサー・ビナード／訳
偕成社
本体1400円＋税

ドイツ伝統のパン・プレッツェルを題材にした絵本

ある小さな国に、お客の絶えない評判のパンやさんがありました。お城に住む王様、女王様もそのパンがお気に入りでしたが、あるとき、不出来なパンを食べさせられて、カンカンに。明日までに「あさひが三つさしてくるパン」を新しく作れ、さもなくば国を去れ、と命じられた職人のウォルターは、いろいろと奮闘してみるものの、うまくいきません。思わず「こんなものぉ！」と宙に投げつけたパン生地が、何とも不思議な形に。それを奥さんのアンナが焼いてみると……。

P.075

『チリとチリリ』

どいかや／作

アリス館
本体1200円＋税

色鉛筆で描く、自然や動物への愛情あふれるお話

おかっぱ頭の二人組・チリとチリリが、さまざまな世界に出会う人気シリーズの第一作。早起きしたある朝、二人は森の中を自転車で走ります。途中、かわいい喫茶店を見つけてお茶を飲んだり、サンドイッチやさんで、おいしそうなくるみパンのいちごジャムサンドなどを買って、池のほとりで休憩したりもしました。それから水浴びにお昼寝とのんびり過ごし、たどり着いたのは、とても居心地のよさそうな森のホテル。そこでも二人をすてきな出来事が待っていました。

P.076

『ノラネコぐんだん パンこうじょう』

工藤ノリコ／作

白泉社
本体1200円＋税

ワルだけどにくめない、天衣無縫なノラネコたち

イタズラ大好きノラネコぐんだんが活躍する、ヒットシリーズの第一弾。ワンワンちゃんのパン工場に、こっそり忍び込んだノラネコぐんだん。自分たちで、見よう見まねでパンを作ろうとしましたが、調子に乗ってふくらし粉を入れすぎてしまい、パン焼き窯ごと、ドッカーンと大爆発。出来上がったのは、ほかほかとおいしそうな超巨大パンでした。ワンワンちゃんにきつく叱られたノラネコぐんだんは、罪をつぐなうために、ワンワンちゃんのお手伝いにかり出されるのでした。

P.078

INTERVIEW WITH

NATSUKO KUWAHARA

桑原さんの暮らしに欠かせないもの。
それは、動物・おやつ・絵本です。

桑原奈津子さんが作るおやつは優しい味がします。そのおいしさは、大好きな家族のために注いだ深い愛情の中から、生まれてくるのかもしれません。

大の動物好きの桑原奈津子さん。犬一匹と猫二匹と暮らしています。桑原さんにとって家族同然の三匹は、もともと飼い主がおらず居場所を失っていた保護犬・保護猫でした。

保護犬・保護猫を迎えて

私は物心ついた頃から犬が好きで、一軒家に住んで犬を飼いたいという気持ちをずっとあたためていました。引っ越しのタイミングがきたときに保護犬を迎えることを決め、「いつでも里親募集中」※1というサイトで探しました。サイトに掲載されていた、まるい頭に大きな耳、アーモンド型のきれいな瞳をした子犬の写真を見た瞬間に一目惚れ。沖縄生まれのキップルが縁あって東京の我が家までやってきたのは、生後3カ月のときです。

昔飼っていた犬はパンが好きだったので、キップルにもパンを食べさせてみると……思った通り！　私が毎朝パンを食べることを知っているキップルは、自分のごはんより先にパンを欲しがるようになりました。そのようすを写真に撮って、Twitterにアップしたら、それまでになかった反響があって。それからほぼ毎日のように朝食の写真を撮り続けています。

キップルと暮らすようになってしばらくたった頃、親子の猫が庭にやって来るようになりました。親猫は、人間からご飯をもらう方法を子猫に教えて親離れさせようとしているのですが、そんな親心も知らず子猫はお母さん猫に甘えては拒絶されて……。毎日観察しているうちに子猫のことがだんだん不憫になって保護を決意。それがクロとの出会いです。

キップルのような雑種犬やクロのような地域猫のために私ができることは何かないかなと、よく考えます。日々料理を作ったり、写真を撮ったりすることで、彼らの存在を知ってもらい、その魅力を伝えること。それが私にできることなのかな、と思うようになりました。

※1
「いつでも里親募集中」
犬猫を飼いたい人と里親を探している人を仲介する掲示板。全国の動物保護団体から個人までの情報を多数掲載している。
www.satoya-boshu.net

"保護犬や保護猫のことを、もっと知ってもらいたい。私なりの方法で、彼らの魅力を伝えられたら"

> "動物たちが仲良く一緒にお菓子を食べている絵本の世界は、なんて平和なんでしょう"

犬猫との楽しい毎日

クロは野良時代が長かったせいか、夫やキップルになかなかなつこうとしませんでした。ひょっとすると子猫だったらクロと友だちになれるかもしれないと再び里親サイトへ。そこで出会ったのが小鉄（コテツ）[※2]です。小鉄は、典型的な末っ子気質。キップルをリーダーと認めているふしがありますが、クロのことは自分と同等か格下に見ているよう。それでも、追いかけっこをしたり、近くで寝たり、仲良くやっています。三匹とも性格が違うし関係性も複雑で、見ていると本当に面白いです。

子どもの頃、ご両親からたくさんの絵本を読んでもらっていたという桑原さん。絵本が好きで、学生時代には絵本作家になりたいと夢見たこともありました。

思い出の絵本

月刊絵本を定期購読してもらっていたので、子どもの頃はたくさんの絵本を読んでいました。いまは料理を仕事にしていますが、学生の頃は絵を描くことが好きだったので、絵本作家になりたいと考えていたこともありました。昔読んだ絵本[※3]の中で一番思い出深いのは『ぼくのぱんわたしのぱん』。母に「ぱたーろーる」を作ってもらった記憶があります。母と一緒に生地をこねたり、棒でのばしたり、絵本を開くとあの頃のことを思い出します。「ぐりとぐら」シリーズも大好きでした。『ぐりとぐら』には、いろんな種類の動物たちが輪になってお菓子を食べているシーンが描かれていますが、なんて平和な光景なんだろうと読むたびに胸があつくなります。『ラチとらいおん』（マレーク・ベロニカ／文・絵　徳永康元／訳　福音館書店）も懐かしい。朝起きたら私のぬいぐるみも本物の動物になっていますように……と何度願ったことか。「動物たちにとって暮らしやすい世の中に

※2
民家のベランダに兄弟4匹で置き去りにされているところを、ボランティアの方に保護されました。生後1カ月程だったので、怖いもの知らずですぐに人なれもしました。

※3
思い出の絵本はまだまだあります。『こねこのぴっち』『ちいさいおうち』『ちいさなマドレーヌ』『かんがるーぽけっと』など。動物や建物の絵本がお気に入りでした。

レシピ交換をしていました。肉まん、みそ蒸しパン、チーズケーキ、チョコレートケーキ、いちごムース……。そこで覚えて母が作ってくれた料理はたくさんあるのですが、本書のCHAPTER 1、P.32で紹介した「パン粉のケーキ」は、そのレシピからヒントをもらっています。ケーキを焼くのはハードルが高いけれど、固くなってしまったパンをちょっとアレンジするだけで簡単にケーキのようなパンができるので、カジュアルに「おやつパン」を楽しんでいただきたいですね。CHAPTER 3の「絵本パン」は、手間はかかりますが、手作りの焼きたてのパン程おいしいものはないので、挑戦していただきたいと思います。発酵して膨らむ生地を見ているのは、楽しいですよ（笑）。

　レシピを読んだだけで、面倒だなと思って作るのをあきらめてしまう方もいらっしゃると思いますが、本書はできるだけ簡単なレシピを心がけて作りました。お菓子やパンは化学ですが、「おやつパン」は料理感覚で作れるものがほとんど。どなたでも失敗なく作れることでしょう。パン作りは、充分こねることと適正な発酵を心がければ、上手くいくはず。パンが焼き上がったときには、苦労を忘れる程充実感を感じることができると思います。

"手間はかかりますが、
手作りの焼きたてのパン程
おいしものはありません"

犬おやつ
SWEETS FOR DOGS

チーズクラッカー

材料（骨抜き型／92×45mm・5枚 ＋56×28mm・18枚）

サツマイモ　…100g（正味）
薄力粉　…20g
パルメザンチーズ（粉）　…10g

つくりかた

❶ サツマイモを蒸し器で柔らかくなるまで蒸す。ボウルに入れてすりこぎでつぶし、冷ます。
❷ 薄力粉、パルメザンチーズを加えてゴムべらで混ぜ、手でなめらかになるまでこねてひとまとめにする。
❸ ラップにはさみ、麺棒で厚さ2mmにのばす。型で抜く。残りの生地もまとめて同様にのばして型で抜く。
❹ オーブンシートを敷いた天板に並べ、130℃に予熱したオーブンで30〜40分、パリッと乾燥するまで焼く。

※保存容器に入れ、常温で2週間程度保存可。

手作りおやつは、使う素材がわかっているから安心。クッキー系おやつが好きな犬さんにどうぞ。ちなみに、ジャーキー系おやつを好むキップルは、気が向いたときにしか食べません……。塩分ひかえめですが、人間が食べてももちろんOK。

材料（魚抜き型／68×32mm・14枚＋50×23mm・30枚）

ジャガイモ　…100g（正味）
薄力粉　…30g
かつおぶし またはイリコ（粉）　…5g
オリーブ油　…小さじ1

つくりかた

❶ ジャガイモを蒸し器で柔らかくなるまで蒸す。ボウルに入れてすりこぎでつぶし、冷ます。
❷ オリーブ油、薄力粉、かつおぶし粉を加えてゴムべらで混ぜ、手でなめらかになるまでこねてひとまとめにする。
❸ ラップにはさみ、麺棒で厚さ2mmにのばす。型で抜く。残りの生地もまとめて同様にのばして型で抜く。
❹ オーブンシートを敷いた天板に並べ、130℃に予熱したオーブンで30〜40分、パリッと乾燥するまで焼く。

※保存容器に入れ、常温で2週間程度保存可。

さかな
クラッカー

INSPIRED BY レシピのもとになった絵本を紹介しています。

CHAPTER 3 あこがれ絵本パン

子どもの頃に「食べてみたい」と憧れをつのらせた「絵本パン」。ここからは、あの頃の夢を叶えるための再現レシピをご紹介。絵本の主人公と一緒に味わいましょう。

ソーセージも
たべてみたい
です～

INSPIRED BY

『バムとケロのそらのたび』
島田ゆか／作
文溪堂
本体1500円＋税
P.042

ちょっと
きになりますね

『バムとケロのそらのたび』より
そらのたびのホットドッグ

懐かしのコッペパンは、惣菜パンに最適。よく焼いたソーセージをはさんだら、ケチャップをた〜っぷりつけて。

材料（1人分）

コッペパン　…1個
ソーセージ（長さ15cm程度）　…1本
ケチャップ　…適量
バター　…適量
粒マスタード　…適宜
ピクルス　…適宜

つくりかた

❶ フライパンを中弱火で熱し、油をひかずにソーセージをこんがりと焼く。
❷ コッペパンは、縦に切り目を入れる。切り目に薄くバターを塗る。
❸ コッペパンにソーセージをはさむ。ケチャップを線がけする。
❹ 好みでマスタード、ピクルスを添えていただく。

まずはコッペパンを焼いてみませんか。

比較的生地があつかいやすく成型も楽な、基本のパン。
これが焼ければ、ほかのパンにも応用がききます。

材料（約13×7cm・7個分）

- 強力粉 …250g
- 牛乳 …50ml
- 水 …100ml
- 溶き卵 …20g
- 砂糖 …20g
- 無塩バター（1cm角）…20g
- インスタントドライイースト …5g
- 塩 …5g

つくりかた

❶ ボウルに強力粉、砂糖、塩を入れてゴムべらで混ぜ、イーストを加えて混ぜる。水と牛乳を合わせて人肌程度に温め、溶き卵を合わせて加える。ゴムべらでざっと混ぜ、手でひとまとまりになるまでこねる。(A)

❷ 台に出し、たたきつけながら、生地が充分にのび表面がなめらかになるまで、10〜15分程こねる。バターを練り込み、同様にこねる。(B)

❸ ボウルに薄くサラダ油（分量外）をぬる。②の生地を丸めて入れ、霧吹きを吹く。ラップをして、35℃のオーブンで50〜60分発酵させる（2倍程度にふくらみ指で生地を押

A

B

してみて、穴が戻らなくなるまで)。(C)

❹ 打ち粉(分量外)をした台に出して7等分に分割し、表面が張るように丸める。かたく絞ったぬれ布巾をかけて15分程休ませる。(D)

❺ ④に軽く打ち粉(分量外)をして、手のひらで押してガスを抜き、12cm程度の棒状に成型する。オーブンペーパーを敷いた天板に間をあけて閉じ目を下にして置く。霧吹きを吹き、40℃のオーブンで30分程発酵させる(途中でもう1回霧吹きを吹く)。

❻ 180℃に予熱したオーブンで、10分程焼く。

C   D

材料（約22×9cm・2個分）

強力粉　…220g
薄力粉　…80g
砂糖　…30g
塩　…4g
カルダモン（パウダー）　…小さじ1/2
インスタントドライイースト　…6g
牛乳　…180ml
溶き卵　…30g
無塩バター（1cm角）　…40g
ポップシュガー　…30g

『バムとケロのもりのこや』より

ソレちゃんのやきたてパン（プッラ）

フィンランドで「プッラ」と呼ばれる、ねじねじパン。お口いっぱいにカルダモンのさわやかな風味が広がります。

つくりかた

❶ ボウルに強力粉、薄力粉、砂糖、塩、カルダモンを入れてゴムべらで混ぜ、イーストを加えて混ぜる。牛乳を人肌程度に温め、溶き卵と混ぜ合わせて加える。ゴムべらでざっと混ぜ、手でひとまとまりになるまでこねる。台に出し、たたきつけながら生地が充分にのび表面がなめらかになるまで、10〜15分程こねる。バターを練り込み、同様にこねる。

❷ ボウルに薄くサラダ油（分量外）をぬる。①の生地を丸めて入れ、霧吹きを吹く。ラップをして、35℃のオーブンで50〜60分発酵させる（指で生地を押してみて、穴が戻らなくなるまで）。台に出して4等分に分割し、表面が張るように丸める。かたく絞ったぬれ布巾をかけて20分程休ませる。

❸ 台に打ち粉（分量外）をして②をのせる。手のひらでたたいてガスを抜きながら平らにする。三つ折りにして棒状にし、70cm程度にのばす。2本を十字に重ね、上2本を下へ折りたたむ。一番左を上から内へ、一番右を下から内へ、内に来た2本を交差させ編みながら成形する。

❹ ③をオーブンシートを敷いた天板に間をあけて置く。霧吹きを吹き、40℃のオーブンで30分程発酵させる（途中でもう一回霧吹きを吹く）。生地の表面に溶き卵（分量外）をハケでぬり、ポップシュガーをトッピングする。

❺ 180℃に予熱したオーブンで、18分程焼く。

『バムとケロのもりのこや』
島田ゆか／作
文溪堂
本体1500円＋税　P.043

063　CHAPTER 3

『ぐりとぐらとくるりくら』より
ミニ食パンのサンドイッチ

長方形の焼き型・パウンド型でミニ食パンを焼きましょう。
小さいけれど具材はたっぷり。かわいいサンドイッチです。

INSPIRED BY

『ぐりとぐらとくるりくら』
なかがわりえこ／作
やまわきゆりこ／絵
福音館書店
本体900円＋税　P.043

材料
（18×8.5×高さ6cmのパウンド型・2台分）

強力粉　…250g
砂糖　…9g（大さじ1）
塩　…5g
インスタントドライイースト　…5g
水　…100ml
牛乳　…85ml
無塩バター（1cm角）　…20g

〈具材〉

A　バター　…適宜
　　フリルレタス、クレソン、バジル、
　　イタリアンパセリ、ゆで卵、
　　スライスゴーダチーズ、マヨネーズ
　　…適宜

B　ピーナッツバター（無糖）、
　　オレンジママレード　…各適宜

つくりかた

❶ ボウルに強力粉、砂糖、塩を入れてゴムべらで混ぜ、イーストを加えて混ぜる。水と牛乳を合わせて人肌程度に温めて加える。ゴムベラでざっと混ぜ、手でひとまとまりになるまでこねる。
❷ 台に出し、たたきつけながら、生地が充分にのび表面がなめらかになるまで、10〜15分程こねる。バターを練り込み、同様にこねる。
❸ ボウルに薄くサラダ油（分量外）をぬる。②を丸めて入れ、霧吹きを吹く。ラップをして、35℃のオーブンで50〜60分発酵（指で生地を押してみて、穴が戻らなくなるまで）。
❹ ③を2等分に分割し、表面が張るように丸める。かたく絞ったぬれ布巾をかけて15分程休ませる。型にオーブンペーパーを敷く。
❺ 軽く打ち粉（分量外）をして、手のひらでたたいてガスを抜き、平らにのばす。型の長さに合わせて棒状に成形し、型に入れる。
❻ 霧吹きを吹いて、40℃のオーブンで40分程発酵させる（途中でもう1回霧吹きで霧を吹く）。
❼ 180℃に予熱したオーブンで、22分程焼く。

A．葉っぱのサンドイッチ
スライスした食パン2枚の片面に薄くバターを塗り、フリルレタス、ゴーダチーズ、スライスしたゆで卵をのせてマヨネーズを線状に絞る。その上にクレソン、バジル、イタリアンパセリをのせて、さらにマヨネーズを線状に絞る。もう1枚の食パンをのせてはさむ。

B．ピーナッツバターとママレードのサンドイッチ
スライスした食パンの片面に薄くバターを塗り、ママレードを塗る。もう1枚の食パンにピーナッツバターを塗り、2枚を合わせる。

材料（バターロール型・7個分／文字・2個分）

強力粉 …250g
砂糖 …20g
塩 …5g
インスタントドライイースト …5g
卵1個＋水 …合わせて175g
無塩バター（1cm角）…40g

『ぼくのぱんわたしのぱん』より

ばたーろーる

小さい頃にお母さんと作った思い出の味。パン作りは、手間がかかるけれど、忘れることのできない一生の思い出に。

ころがして
あそべますか

つくりかた

❶ ボウルに強力粉、砂糖、塩を入れてゴムべらで混ぜ、イーストを加えて混ぜる。水を人肌程度まで温め、卵と合わせて加える。ゴムべらでざっと混ぜ、手でひとまとまりになるまでこねる。
❷ 台に出し、たたきつけながら、生地が充分にのび表面がなめらかになるまで、10〜15分程こねる。バターを練り込み、同様にこねる。
❸ ボウルに薄くサラダ油（分量外）をぬる。❷の生地を丸めて入れ、霧吹きを吹く。ラップをして、35℃のオーブンで50〜60分発酵させる（指で生地を押してみて、穴が戻らなくなるまで）。
❹ ❸を打ち粉（分量外）をした台に出して40gを2個、20gを3個とり、残りを7等分に分割する。それぞれ表面が張るように丸め、かたく絞ったぬれ布巾をかけて15分程休ませる。
❺ 軽く打ち粉（分量外）をして、7等分にした生地を手のひらで押してガスを抜き、しずく形の棒状にする。少し休ませて、麺棒で30cm程度の細長い三角形にのばす。長い辺を軸にして端から巻く。オーブンペーパーを敷いた天板に間をあけて閉じ目を下にして置く。残りの5つの生地を棒状にのばし、天板の上で「ぱん」の文字を作る。霧吹きを吹き40℃のオーブンで30分程発酵させる（途中でもう1回霧吹きを吹く）。表面にハケで溶き卵（分量外）を塗る。
❻ 190℃に予熱したオーブンで、10分程焼く。

INSPIRED BY

『ぼくのぱんわたしのぱん』
神沢利子／作　林明子／絵
福音館書店
本体900円＋税
P.044

067　CHAPTER 3

『なにからできているでしょーか?』より
ハンバーガー

ハンバーガーのバンズは具材の引き立て役。クセのないシンプルな味にしあげます。薄力粉を入れ、歯切れよく作るのがコツ。

材料(1個分)

バンズ …1個
ハンバーグ …1個
スライスチーズ …1枚
たまねぎ(8mmの輪切り) …1枚
トマト(8mmの輪切り) …1枚
レタス …1枚
ケチャップ、バター …適宜

つくりかた

❶ フライパンでたまねぎを焼く。
❷ バンズを横半分に切り、切り口にバターを薄くぬる。ハンバーグ、チーズ、タマネギ、ケチャップ、トマト、レタスの順にのせてはさむ。

バンズ

材料（直径9cmのセルクル型・7個分）

強力粉　…200g	牛乳　…60ml
薄力粉　…50g	水　…100ml
砂糖　…15g	溶き卵　…20g
塩　…5g	無塩バター（1cm角）　…15g
インスタントドライイースト　…5g	白炒りごま　…適宜

つくりかた

❶ ボウルに強力粉、薄力粉、砂糖、塩を入れてゴムべらで混ぜ、イーストを加えて混ぜる。水を人肌程度まで温め、卵と合わせて加える。ゴムベラでざっと混ぜ、手でひとまとまりになるまでこねる。

❷ 台に出し、たたきつけながら生地が充分にのび表面がなめらかになるまで、10〜15分程こねる。バターを練り込み、同様にこねる。

❸ サラダ油（分量外）を薄くぬったボウルに②を入れてラップをし、35℃のオーブンで50〜60分程発酵させる（指で生地を押してみて、穴が戻らなくなるまで）。

❹ 打ち粉（分量外）をした台に出して7等分に分割し、表面が張るように丸める。かたく絞ったぬれ布巾をかけて15分程休ませる。セルクルの内側にバター（分量外）を薄くぬり、オーブンシートを敷いた天板に間をあけて置く。

❺ ④の生地を閉じ目を下にして麺棒で直径9cm程度にのばし、セルクルの中に入れる。霧吹きを吹き、40℃のオーブンで30分程発酵させる。（途中でもう1回霧吹きを吹く）

❻ 表面にハケで溶き卵（分量外）を塗り、炒りごまをつける。190℃に予熱したオーブンで11分程焼く。

ハンバーグ

材料（4個分）

合挽き肉　…500g
塩、こしょう、ナツメグ　…各少々
溶き卵　…1個分
たまねぎ（みじん切り）　…1/2個分
サラダ油　…適宜

つくりかた

❶ ボウルに合挽き肉、塩、こしょう、ナツメグを入れてよく混ぜる。
❷ 卵を加えてさらに混ぜる。たまねぎを加えて混ぜる。
❸ 4等分に分け、それぞれ直径10cm程度の円形に形づくる。
❹ 熱したフライパンにサラダ油をしき、ハンバーグを入れる。強火で焼き色がつくまで焼き、裏返して同様に焼く。
❺ ふたをして弱火にし、中まで火を通す。

『なにからできているでしょーか？』
大森裕子／作
白泉社
本体1000円＋税
P.044

『からすのパンやさん』より
あんぱん

あんぱんの真ん中を指で押すと、生地とあんの間に空洞ができにくくなります。"おへそ"を忘れずに作ってくださいね。

材料（直径約8cm・12個分）

強力粉　…250g
砂糖　…30g
塩　…4g
インスタントドライイースト　…5g
牛乳　…80ml
水　…60ml
溶き卵　…25g
無塩バター（1cm角）…15g

粒あん　…500g

つくりかた

❶ ボウルに強力粉、砂糖、塩を入れてゴムべらで混ぜ、イーストを加えて混ぜる。牛乳と水を合わせて人肌程度に温め、溶き卵を合わせて加える。ゴムべらでざっと混ぜ、手でひとまとまりになるまでこねる。
❷ 台に出し、たたきつけながら生地が充分にのび表面がなめらかになるまで、10～15分程こねる。
❸ ボウルに薄くサラダ油（分量外）をぬる。②の生地を丸めて入れ、霧吹きを吹く。ラップをして、35℃のオーブンで50～60分程発酵させる（指で生地を押してみて、穴が戻らなくなるまで）。
❹ ③を打ち粉（分量外）をした台に出して12等分に分割し、表面が張るように丸める。かたく絞ったぬれ布巾をかけて15分程休ませる。あんを12等分に分ける。
❺ ④の生地を手のひらで軽くたたいてのばし、あんをのせて包む。オーブンシートを敷いた天板に間をあけて閉じ目を下にして置く。親指に手粉をつけ、真ん中を底までさして穴をあける。40℃のオーブンで30分程発酵させる。
❻ 表面にハケで溶き卵（分量外）を塗る。180℃に予熱したオーブンで、10分程焼く。

粒あん

材料（4個分）

小豆　…250g
砂糖　…200g

つくりかた

❶ 小豆をざっと洗って水気を切り、鍋に入れる。たっぷりの水を入れて強火にかけ、煮立ったら中火にして10分ゆでる。
❷ 火を止めザルにあけ、煮汁を捨てる。小豆を鍋に戻し、ひたひたの水を入れる。強火にかけ、煮立ったら弱火にし、指で簡単につぶれるくらいの柔らかさになるまで煮る（途中小豆が湯面から出ないよう水を足す）。砂糖を加え、へらで練りながら水分を程よく飛ばす。
❸ バットにあけ、粗熱がとれたらラップをして冷ます。

INSPIRED BY

『からすのパンやさん』
かこさとし／絵・文
偕成社
本体1000円＋税
P.045

『ジオジオのパンやさん』より
ジオジオのチーズパン

外側はパリッ、内側はふんわりチーズパン。食べる前にトースターで焼くと、チーズが熱々にとろけて、おいしさ倍増。

材料（約13×8cmクッペ型・6個分）

強力粉 …250g
砂糖 …6g
塩 …5g
インスタントドライイースト …5g
無塩バター(1cm角)…10g
水 …130ml
牛乳 …50ml

プロセスチーズ …180g
ピザ用チーズ …90g

つくりかた

❶ ボウルに強力粉、砂糖、塩を入れてゴムべらで混ぜ、イーストを加えて混ぜる。水と牛乳を合わせて人肌程度に温めて加える。ゴムべらでざっと混ぜ、手でひとまとまりになるまでこねる。

❷ 台に出し、たたきつけながら、生地が充分にのび表面がなめらかになるまで、10〜15分程こねる。バターを練り込み、同様にこねる。

❸ ボウルに薄くサラダ油（分量外）をぬる。②の生地を丸めて入れ、霧吹きを吹く。ラップをして、35℃のオーブンで50〜60分発酵させる（指で生地を押してみて、穴が戻らなくなるまで）。

❹ 打ち粉（分量外）をした台に出して、6等分に分割する。表面がなめらかになるように丸め、かたく絞ったぬれ布巾をかけて15分程休ませる。プロセスチーズを1cm角程度に切る。

❺ 打ち粉をした台の上で、麺棒で生地を直径10cm程度の円形にのばす。プロセスチーズの2/3量（20g/個）とピザ用チーズをそれぞれのせて、半分に折ってフチを閉じる。閉じ目を下にしてオーブンシートを敷いた天板に間をあけて並べる。霧吹きを吹いて、40℃のオーブンで30分程発酵させる（途中でもう1回霧吹きを吹く）。

❻ 中央に1本ナイフでチーズが見える深さの切れ目を入れ、残りのプロセスチーズをのせる。190℃に予熱したオーブンに入れ、15分程焼く。

パンにチーズ！さいこうですね

INSPIRED BY

『ジオジオのパンやさん』
岸田衿子／作
中谷千代子／絵

あかね書房
本体1000円+税

P.045

『14ひきのあさごはん』より

どんぐりパン

香ばしくて素朴などんぐりパン。韓国の食材どんぐり粉とくるみを混ぜて作りました。焼き立てを、家族みんなで召しあがれ。

材料（直径約6cm・10個分）

強力粉　…200g
どんぐり粉　…50g
砂糖　…15g
塩　…4g
インスタントドライイースト　…5g
水　…180ml
くるみ（ロースト済）　…40g

つくりかた

❶ くるみを包丁で細かく刻む。ボウルに強力粉、どんぐり粉、砂糖、塩を入れて、ゴムべらで混ぜ、イーストを加えて混ぜる。水を人肌程度に温めて加える。ゴムべらでざっと混ぜ、手でこねながらひとまとまりになるまでこねる。
❷ 台に出し、たたきつけながら、生地が充分にのび表面がなめらかになるまで、10～15分程こねる。くるみを加え、ムラなく混ざってなめらかになるまでさらにこねる。
❸ ボウルに薄くサラダ油（分量外）をぬる。②の生地を丸めて入れ、ラップをして、35℃のオーブンで50～60分発酵させる（指で生地を押してみて、穴が戻らなくなるまで）。
❹ 打ち粉（分量外）をした台に出して、10等分に分割する。表面がなめらかになるように丸め、オーブンペーパーを敷いた天板に間をあけて閉じ目を下にして並べる。霧吹きを吹いて、40℃のオーブンで30分程発酵させる（途中でもう1回霧吹きを吹く）。
❺ 190℃に予熱したオーブンに入れ、10分程焼く。

INSPIRED BY
『14ひきのあさごはん』
いわむらかずお／作
童心社
本体1200円＋税
P.046

『プレッツェルのはじまり』より

あさひが三つさしてくるパン

ドイツで生まれの焼き菓子「プレッツェル」。表面にまぶしたソルトは食べる前に落として、塩気を調整してください。

材料（直径約11cm・6個分）

強力粉 …250g
砂糖 …5g
塩 …4g
インスタント
ドライイースト …3g
水 …160ml
無塩バター（1cm角）…5g

〈重曹液〉

水 …1L
重曹 …30g

〈トッピング〉

クリスタルソルト …適量

つくりかた

❶ ボウルに強力粉、砂糖、塩を入れてゴムべらで混ぜ、イーストを加えて混ぜる。水を人肌程度に温めて加える。ゴムべらでざっと混ぜ、手でひとまとまりになるまでこねる。

❷ 台に出し、たたきつけながら、生地が充分にのび表面がなめらかになるまで、10～15分程こねる。バターを練り込み、同様にこねる。

❸ ボウルに薄くサラダ油（分量外）をぬる。❷を丸めて入れ、霧吹きを吹く。ラップをして、35℃のオーブンで50～60分発酵させる（指で生地を押し、穴が戻らなくなるまで）。

❹ 打ち粉（分量外）をした台に出して6等分に分割し、表面が張るように丸める。かたく絞ったぬれ布巾をかけて15分程休ませる。

❺ ❹に軽く打ち粉をして、手のひらで押してガスを抜きながら平らにのばす。10cm程度の棒状に成形して5分程置き、さらに70cm程度にのばす。生地の両端を持ちハートのような形を作る。生地が交差したところでねじりを加え、それぞれの先端を下部にくっつけプレッツェルの形を作る。12cm角程度に切ったオーブンペーパーの上に1つずつ置く。霧吹きを吹き、35℃のオーブンで20分程発酵させる。

❻ 鍋に水を入れて沸騰させ、重曹を加えて混ぜて溶かす。煮立たない程度の弱火にし、❺をオーブンペーパーにのせたまま入れて、片面20秒ずつ浸けてあみ杓子などで取り出す。途中オーブンペーパーが浮き上がってくるので取りのぞく。天板にオーブンペーパーを敷き、間をあけて並べる。ねじっていない方の表面にナイフで切れ目を入れ、クリスタルソルトをふる。

❼ 200℃に予熱したオーブンで、20分程焼く。

INSPIRED BY
P.046

『プレッツェルのはじまり』
エリック・カール／作
アーサー・ビナード／訳
偕成社
本体1400円＋税

『チリとチリリ』より

くるみパンの
いちごジャムサンド

くるみをたっぷり混ぜた食パンに、ゆっくり煮詰めたいちごジャムをサンド。食材のマッチングが楽しい一品です。

いちごジャム

材料

イチゴ　…300g
グラニュー糖　…75g
レモン果汁　…小さじ1

つくりかた

❶ いちごは洗って水気をきり、ヘタをとる。鍋に入れ、グラニュー糖、レモン果汁を加えて混ぜ、水気が出てくるまでしばらく置く。
❷ 中火にかけ、アクをとりながら20分程煮詰める。へらでつぶして火を止め、熱いうちに清潔な瓶に入れて蓋をし、冷ます。

材料（食パン1斤型・1台分）

強力粉 …250g
砂糖 …15g
塩 …5g
インスタントドライイースト …6g
水 …120ml
牛乳 …60ml
無塩バター（1cm角） …15g
くるみ …80g

いちごジャム …200〜250g
バター …適量

準備

くるみを160℃に予熱したオーブンで8分程ローストして冷まし、あらく刻む。

つくりかた

❶ ボウルに強力粉、砂糖、塩を入れてゴムべらで混ぜ、イーストを加えて混ぜる。水と牛乳を合わせて人肌程度に温め加え、ゴムべらでざっと混ぜる。手でひとまとまりになるまでこねる。
❷ 台に出し、たたきつけながら、生地が充分にのび表面がなめらかになるまで、10〜15分程こねる。バターを練り込み、同様にこねる。くるみを加え、まんべんなく混ざるまでこねる。
❸ ボウルに薄くサラダ油（分量外）をぬる。②の生地を丸めて入れ、霧吹きを吹く。ラップをして、35℃のオーブンで50〜60分発酵させる。（指で生地を押してみて、穴が戻らなくなるまで）
❹ 打ち粉（分量外）をした台にあけ、手のひらでおしてガスを抜き、表面が張るように丸める。かたく絞ったぬれ布巾をかけて15分程休ませる。型にオーブンペーパーを敷く。
❺ 手のひらでたたいてガスを抜き、丸めなおして型に入れる。
❻ 霧吹きを吹き、40℃のオーブンで40分程発酵させる（途中でもう1回霧吹きで霧を吹く）。
❼ 190℃に予熱したオーブンで、30分程焼く。
❽ パンを8枚にスライスし、片面に薄くバターを塗る。4枚にいちごジャムを塗ってそれぞれもう1枚のパンでサンドする。

たべてみようかな…

INSPIRED BY

『チリとチリリ』
どいかや／作

アリス館
本体1200円+税　P.047

『ノラネコぐんだんパンこうじょう』より

巨大パン

ちぎってたくさん食べられる巨大パン。バターを使わなかったので、焼きあがりは、しっとり歯ごたえのある食感に。

材料（約20×16cm・1個分）

強力粉　…250g
砂糖　…25g
塩　…5g
インスタントドライイースト　…5g
卵1個＋牛乳を合わせて　…190ml

P.047

INSPIRED BY

『ノラネコぐんだん パンこうじょう』
工藤ノリコ／作
白泉社
本体1200円＋税

おおきい
ですね〜

つくりかた

❶ ボウルに強力粉、砂糖、塩を入れてゴムべらで混ぜ、イーストを加えて混ぜる。牛乳を人肌程度に温めて卵と合わせて加える。ゴムべらでざっと混ぜ、手でひとまとまりになるまでこねる。

❷ 台に出し、たたきつけながら、生地が充分にのび、表面がなめらかになるまで、10〜15分程こねる。

❸ ボウルに薄くサラダ油（分量外）をぬる。②を丸めて入れ、霧吹きを吹く。ラップをして、35℃のオーブンで50〜60分発酵させる（指で生地を押してみて、穴が戻らなくなるまで）。

❹ 打ち粉（分量外）をした台に出して、手でたたいてガスを抜き、表面が張るように丸める。かたく絞ったぬれ布巾をかけて15分程休ませる。

❺ 軽く打ち粉をして、手のひらでガスを抜きながら楕円にのばす。短い辺を軸にして巻き、巻き終わりをしっかりつまんで閉じる。オーブンペーパーを敷いた天板に閉じ目を下にして置く。

❻ 霧吹きを吹いて、40℃のオーブンで40分発酵させる（途中でもう1回霧吹きを吹く）。

❼ ナイフで斜めに2本切れ目を入れる。170℃に予熱したオーブンで、30分程焼く。

キップルとおやつパン
パンで作るかんたんスイーツ

2017年4月19日　初版発行
2017年7月6日　第2刷発行

MOE web　http://www.moe-web.jp
白泉社ホームページ　http://www.hakusensha.co.jp
HAKUSENSHA Printed in Japan
ISBN 978-4-592-73291-4

著者
桑原奈津子
© Natsuko Kuwahara 2017

撮影
下村しのぶ（カバー、CHAPTER1・2）
志田三穂子（CHAPTER3）
桑原奈津子（P48～49）

発行人
菅原弘文

発行所
株式会社　白泉社
〒101-0063　東京都千代田区神田淡路町2-2-2
電話　03-3526-8065（編集）
　　　03-3526-8010（販売）
　　　03-3526-8020（制作）

デザイン
QULLO & CO. クロ・アンド・コ

印刷・製本
株式会社　廣済堂

●定価はカバーに表示してあります。●造本には十分注意しておりますが、乱丁・落丁（本のページの抜け落ちや順序の間違い）の場合はお取り替えいたします。購入された書店名を明記して小社制作課宛にお送りください。送料小社負担にてお取り替えいたします。ただし、新古書店で購入したものについてはお取り替えできません。●本書の一部または全部を無断で複製等の利用をすることは、著作権法が認める場合を除き、禁じられています。また、購入者以外の第三者が電子複製を行うことは一切認められておりません。

本書は、月刊MOE2015年1月号～12月号連載「絵本の中のパンレシピ」、2016年1月号～2017年4月号連載「キップルとおやつパン」をもとに、加筆、再構成したものです。